CATALOGUE

DE TABLEAUX

ESTAMPES ANCIENNES

LITHOGRAPHIES

LIVRES A FIGURES ET CATALOGUES

COMPOSANT LE CABINET

de feu M. le Vicomte DE JANZÉ

dont la vente aux enchères publiques aura lieu

HOTEL DES COMMISSAIRES-PRISEURS

rue Drouot, nº 5, salle nº 3

les Mardi 24 et Mercredi 25 Avril 1866

et le Jeudi 26 Avril, salle nº 6

A UNE HEURE PRÉCISE.

Mᵉ **CHARLES PILLET**, Commissaire-Priseur, rue de Choiseul, 11

assisté de M. **CLÉMENT**, marchand d'Estampes de la Bibliothèque impériale,
3, rue des Saint-Pères,

Chez lesquels se distribue le Catalogue.

EXPOSITION PUBLIQUE

le Dimanche 22 Avril 1866, de une heure à quatre heures.

PARIS — 1866

ORDRE DES VACATIONS

CONDITIONS DE LA VENTE

Elle se fera au comptant.

Les acquéreurs paieront cinq pour cent en sus du prix d'adjudication applicables aux frais.

L'Expert aura la faculté de diviser les lots.

CE CATALOGUE SE DISTRIBUE :

A *Paris,*   Chez MM. Charles Pillet, commissaire-priseur, 11, rue de Choiseul.

— Clément, marchand d'estampes de la Bibliothèque impériale, 3, rue des Saints-Pères.

— Mannheim, experts, 10, rue de la Paix.

— Rollin et Feuardent, experts, rue Vivienne, 12.

A *Londres,*   Colnaghi et C°, marchands d'estampes.

— Holloway et Fils, id.

A *Leipzick,*   R. Weigel id.

— Drugulin, id.

A *Berlin,*   Amsler et Ruthardt, id.

A *Francfort-s.-Mein,* Prestel, id.

A *Vienne,*   Artaria et C°, id.

— Posony, id.

A *Munich,*   Montmorillon, id.

— Aumuller, id.

A *Stutgard,*   Gutekunst.

Paris. — Imp. de Pillet fils aîné, rue des Grands-Augustins, 5

DÉSIGNATION

TABLEAUX

BARTOLOMEO (Fra) École de

76

1 — Jésus-Christ en croix entre la sainte Vierge et saint Jean.

Sur bois. — Larg., 38 c.; haut., 27 c.

BERESTRAETEN (J.)

100

2 — Vue d'une ville sur les bords d'un canal.

Sur bois. — Larg., 40 c.; haut., 31 c.

CABAT (Louis)

580

3 — Les Petits Pêcheurs.

Sur toile; signé et daté 1833. — Larg., 58 c.; haut., 39 c.

CARRACHE (Annibal) École de

4 — Enée sauvant son père Anchise; esquisse en grisaille.

Sur toile. — Larg., 46 c.; haut., 33 c.

COYPEL (Charles)

5 — Thalie chassée par la Peinture, peint en 1732 et gravé par Lépicié en 1733.

Sur toile; signé et daté 1732. — Larg., 78 c.; haut., 64 c.

CREDI (Lorenzo di)

6 — Portrait de Jeune Homme à mi-corps.

Sur bois. — Haut., 44 c.; larg., 33 c.

CRUVELLI

7 — Figures de Saint et de Sainte à mi-corps. Deux tableaux peints sur fond d'or.

Sur bois. — Haut., 66 c.; larg., 45 c.

DELEN (Van)

8 — Intérieur d'église animé de plusieurs personnages; signé et daté, 1635.

Sur bois. — Haut., 26 c.; larg., 19 c.

DOLCI (Carlo) École de

9 — Tête du Christ couronné d'épines.

Sur bois. — Haut., 35 c.; larg., 26 c.

DOSSI (École de)

10 — La Circoncision.

Sur toile. — Larg., 53 c.; haut., 38 c.

DURER (Albert) Attribué à

11 — L'Hôtesse et le Cuisinier; gravé par le maître.

Sur bois. — Haut., 11 c.; larg., 7 c.

DYCK (Antoine Van) École de

12 — Portrait d'Homme, à mi-corps.

Sur toile. — Haut., 78 c.; larg., 58 c.

ÉCOLE ESPAGNOLE

13 — Sujet mystique; la Vierge apparaît à une femme malade.

Sur toile. — Larg., 43 c.; haut., 35 c.

ÉCOLE FLORENTINE

14 — Mariage de saint Joseph. — La Visitation ; deux tableaux peints sur fond d'or, faisant pendant.
Sur bois. — Larg., 46 c.; haut., 23 c.

15 — Saint Pierre ; peint sur fond d'or.
Sur bois. — Haut., 31 c.; larg., 25 c.

ÉCOLE FRANÇAISE

16 — Portrait d'un chevalier de Malte.
Sur bois. — Haut., 43 c.; larg., 33 c.

17 — Entrée de forêt au bord d'un torrent.
Sur toile. — Larg., 31 c.; haut., 24 c.

ÉCOLE ITALIENNE

18 — Saint Sébastien.
Sur bois. — Haut., 42 c.; larg., 33 c.

19 — Portrait de François II, roi de France, à mi-corps.
Sur toile. — Haut., 85 c.; larg., 67 c.

ÉCOLE MILANAISE

20 — Jeune Seigneur écrivant, en costume de Charles VIII, derrière lui sont deux pages debout.
Sur bois. — Haut., 15 c.; larg., 11 c.

82 21 — L'Annonciation.

Sur bois. — Haut., 22 c.; larg., 18 c.

ÉCOLE DE SIENNE

22 — Deux Tableaux, représentant chacun deux figures de
Saints en pied; peints sur fond d'or.

Sur bois. — Haut., 95 c.; larg., 60 c.

GAROFALO (B.)

23 — Moïse frappant le rocher; composition de forme
cintrée.

Sur toile. — Haut., 132 c.; larg., 97. — Ce tableau capital
provient de la collection Aguado.

MANTEGNA (ANDREA)

24 — Judith et sa Suivante tenant la tête d'Holopherne.

Sur cuivre. — Haut., 37 c.; larg., 22 c.

25 — Portrait de Jeune Garçon.

Beau dessin à la plume, lavé.

MARÉCHAL DE METZ

26 — Moine prêchant devant plusieurs personnages.

Aquarelle très-capitale.

MIGLIARIO

27 — Intérieur d'église, animé de plusieurs figures.
Sur bois. — Haut., 33 c.; larg., 20 c.

MOLA (Francesco)

28 — Jésus et la Samaritaine; tableau de forme ronde.
Sur toile. — Diam., 60 c.

MOZZETTO (Jérôme)

29 — Hérode assis sous un dais, ordonnant le massacre des Innocents.
Sur bois. — Haut., 67 c.; larg., 44 c.

30 — Le Massacre des Innocents; composition d'un grand nombre de figures dans un temple de style byzantin.
Sur bois. — Haut., 67 c.; larg., 44 c. — Ces deux tableaux sont gravés.

MURILLO (B. E.) Ecole de

31 — L'Immaculée-Conception.
Sur toile. — Haut., 43 c.; larg., 30 c.

PIERRE (J. M.)

32 — Jésus-Christ ressuscitant la fille de Jaïre.
33 — Sur toile. — Haut., 73 c.; larg., 59 c.

33 — La Multiplication des pains.

Sur toile. — Haut., 73 c.; larg., 59 c. — Ces deux tableaux font pendant.

RAPHAEL (Ecole de)

34 — La Vierge tenant l'Enfant Jésus, debout, sur ses genoux. Tableau de forme cintrée dans un cadre retable italien.

Sur bois. — Haut., 30 c.; larg., 21 c.

SARTE (André del) Ecole de

35 — La Naissance de la Vierge.

Sur bois. — Larg., 31 c.; haut., 24 c.

36 — Tête de Vierge.

Sur toile. — Haut., 44 c.; larg., 38 c.

TAUNAY

37 — Vue d'une ville sur les bords de la mer, sur le devant grand nombre de personnages.

Sur bois. — Larg., 22 c.; haut., 45 c.

38 — Miniature du xive siècle provenant d'un missel; elle représente la tête du Christ adorée par quatre personnages agenouillés devant.

39 — Miniature du xive siècle représentant la résurrection du Christ.

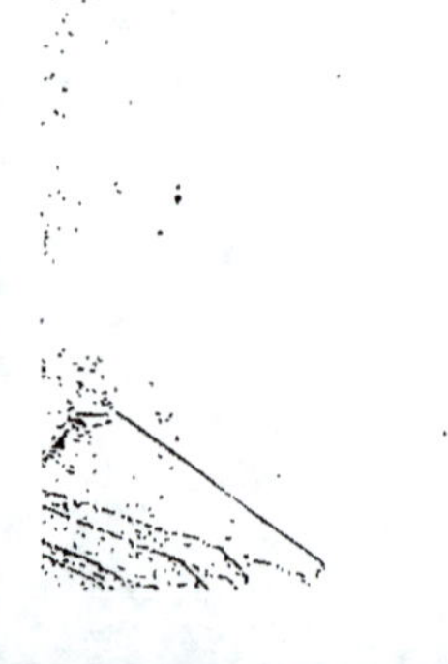

AKEN (Jean Van)

1 — Le Petit Pont (B. 7).
Très-belle épreuve.

ALDEGRAVER (Henri)

2 — Le Jugement de Salomon (B. 29).
Belle épreuve.

3 — Lazare couché à la porte du Mauvais Riche (B. 45).
Très-belle épreuve.

4 — Vignette représentant un centaure et une femelle (B. 229). — Dessin grotesque (273). — Montant d'ornement (286). 3 p.
Belles épreuves.

ALMELOVEN (J.)

5 — Différents paysages (B. 30, 31 et 35). 3 pièces.
Belles épreuves.

AMATO (François)

6 — Sainte Famille ; saint Jérôme ; Pan dompté par l'Amour.
3 pièces.
Belles épreuves.

AMERIGHI, dit Michel-Ange de Caravage
(Attribué à)

7 — Buste de trois hommes.
Pièce gravée à l'eau forte. Rare.

BARBARY (Jacques de), dit le maître au caducée

8 — Le Dieu marin (B. 22).
Belle épreuve. Rare.

8 bis — Saint Sébastien attaché à un arbre. Belle estampe inconnue à Bartsch (Pass. 27).
Superbe épreuve. Très-rare.

BARBIERI (Fr.), dit le Guerchin

9 — Saint Antoine de Padoue (B. 1).
Très-belle épreuve.

BARBIÈRE (Dominique del)

10 — La Gloire (B. 7).

Très-belle épreuve.

BAROCHE (Fr.)

11 — La Vierge sur les nues (B. 2).

Très-belle épreuve.

12 — Saint François stygmatisé (B. 3).

Belle épreuve.

BEATRIZET (N.)

13 — La Statue équestre de Marc Aurèle (B. 87).

Belle épreuve.

BEGA (C.)

14 — La Vieille tenant un grand pot (B. 12). Le Paysan à la fenêtre (B. 19). L'Assemblée près de la cheminée (B. 23). La Mère au cabaret (B. 31). 4 p.

Belles épreuves.

15 — La Jeune Aubergiste (B. 33).

Très-belle épreuve du premier état, avant l'adresse de J. Covens et C. Mortier.

BEHAM (Hans Sébald)

16 — Moïse et Aaron (B. 8).
Superbe épreuve.

17 — Trajan (B. 82).
Très-belle épreuve.

18 — Combat de trois hommes (B. 95).
Belle épreuve.

19 — La Mélancolie (B. 144).
Belle épreuve.

20 — La Jeune Femme accompagnée d'un bouffon (B. 149).
Très-belle épreuve.

21 — Vignette au mascaron (B. 228).
Belle épreuve.

22 — Les Deux Génies (B. 236).
Très-belle épreuve.

23 — La Fortune. — L'Infortune.
Belles épreuves.

BEHAM (B.)

24 — Portrait de l'empereur Ferdinand Ier (B. 61).
Épreuve avant la retouche.

BEMMEL (W.)

25 — Deux petits Paysages.

Belles épreuves.

BERGHEM (NICOLAS)

26 — La Vache qui s'abreuve (B. 1).

Très-belle épreuve avec l'adresse de *N. Visscher*.

27 — La Vache qui pisse (B. 2).

Très-belle épreuve avant l'adresse de *F. de Wit*; elle a de la marge.

28 — Les Trois vaches au repos (B. 3).

Superbe épreuve du troisième état, avant le nom du maître, au haut de la gauche de l'estampe. Très-rare.

29 — L'Homme monté sur l'âne, ou le Retour des champs (B. 5).

Superbe épreuve avant les travaux additionnels dans le ciel. Très-rare.

30 — Homme jouant de la flûte (B. 8). — Le Joueur de flageolet (B. 6). 2 p.

Belles épreuves.

31 — Petits sujets d'animaux; six planches dont une à l'eau-forte pure.

BERVIC (Ch-Cl.)

32 — Charles Linnée, d'après Roslin.
Très-belle épreuve.

BISCAINO (Barthélemy)

33 — Moïse sauvé des eaux. — La Vierge adorant l'Enfant Jésus. — La Nativité. — Suzanne et les Vieillards. 4 p.
Belles épreuves.

BISI (B.)

34 — Sainte Famille. 3
Très-belle épreuve.

BLECKER (G.)

35 — L'Ange promettant un fils à Abraham (B. 1).
Très-belle épreuve ; elle a une petite marge.

36 — Le Chariot (B. 10).
Très-belle épreuve.

BLOTELING (A.)

37 — Jean Cocceius, professeur de théologie à l'Académie de Leyde, d'après Palamèdes.
Très-belle épreuve.

BOCHOLT (François de)

38 — Saint Thomas (B. 13).

Très-belle épreuve; elle est rognée.

BOEL (C.)

39 — Les Éperviers (B. 6).

Très-belle épreuve.

BOISSIEU (J.-J. de)

40 — Le Petit maître d'école (R. 18). — Paysage où est une baraque en planches (R. 75). — Vieux mendiants hommes et femmes. 3 p.

Belles épreuves.

BOL (Ferdinand)

41 — Saint Jérôme (B. 3). Cl. 3.

Superbe épreuve; elle est coupée à l'ovale.

42 — Jeune homme avec chapeau à plume (B. 13). Cl. 14.

Très-belle épreuve; elle a une petite marge.

BOANSONE (Jules)

43 — L'École d'un ancien philosophe (B. 57).

Très-belle épreuve.

44 — Silène monté sur son âne (B. 88).

Très-belle épreuve.

45 — Bacchus couché sur un char, d'après Jules Romain (B. 90).

Très-belle épreuve.

46 — Saint Marc, d'après Perino del Vaga (B. 75). — Pluton descendant aux enfers (B. 95). 2 p.

Belles épreuves.

47 — Nicolas Ardinghello, cardinal (B. 348).

Très-belle épreuve; elle porte au verso la signature de P. Mariette et la date de 1696. Très-rare.

BONNENIONE (E.)

48 — Groupe d'hommes et femmes dans l'attitude de la douleur, d'après le Primatice.

Belle épreuve.

BOOM (A.-H.-V.)

49 — Le Hameau (B. 1). — La Pièce d'eau (B. 2). 2 p.

Très-belles épreuves.

BOTH (Jean)

50 — Le Chariot attelé de bœufs (B. 2).

Très-belle épreuve, avec l'adresse de *Matham*.

BOTH (André)

51 — La Vue. — Les Ivrognes. 2 p.
Belles épreuves.

BOUCHER (Fr.)

52 — Vierge allaitant l'Enfant Jésus. — Jeune fille assise, près d'elle un jeune homme debout. 1re épreuve (De B. 177 et 179). 2 pièces.
Belles épreuves.

BOURDON (S.)

53 — Saintes Familles, six pièces.
Belles épreuves.

BOUT (Pierre)

54 — Les Chasseurs (B. 4).
Très-belle épreuve.

BOYVIN (R.)

55 — Sujets tirés de l'histoire de la Toison d'or. 2 p.
Belles épreuves.

BREENBERG (B.)

56 — Ruine de Rome (B. 4).
Très-belle épreuve.

57 — Paysage avec un rocher dont le sommet est garni de maisons (B. 15).
Très-belle épreuve.

58 — Les Satyres (B. 20).
Très-belle épreuve.

BRESSE (Jean-Antoine de

59 — Saint Pierre (B. 6).
Pièce rare.

60 — Hercule assommant le serpent de Lerne, d'après Mantegna (B. 12).
Très-belle épreuve. Fort rare.

61 — La Danse des quatre femmes, d'après Mantegna (B. 20).
Très-belle épreuve.

BRIZIO (François)

62 — Retour d'Egypte, d'après L. Carrache (B. 2).
Belle épreuve.

BRONKHORST (JEAN)

63 — Ruine de Rome (B. 12). — Animaux par Boresom (B. 3 et 4). 3 p.

>Belles épreuves.

CABEL (ADRIEN VAN DER)

·64 — Paysages. 24 p.

>Belles épreuves.

CALETTI (JOSEPH), dit LE CREMONÈSE

65 — Samson et Dalila.

>Très-belle épreuve.

CALLOT (JACQUES)

66 — Sainte Famille, d'après André del Sarte (M. 66).

>Très-belle épreuve du premier état.

67 — Parterre du palais de Nancy (M. 622).

>Superbe épreuve du premier état.

68 — Les Supplices (M. 665).

>Superbe épreuve. La statue de la Vierge, à l'angle de la rue du fond, à droite, et la tour du milieu, vers la gauche, sont très-apparentes. Très-rare de cette beauté.

CAMPAGNOLA (Dominique)

69 — Décollation d'une sainte (B. 6).
Très-belle épreuve.

70 — La Bataille (B. 19).
Très-belle épreuve.

CANALETTI (Gio Ant.)

71 — Cinq petites vues de Venise.
Belles épreuves.

CANTARINI (Simon), dit le Pesarese

72 — Repos en Egypte (B. 3, 6). — La Vierge et l'Enfant Jésus (B. 18). 3 p.
Belles épreuves.

73 — Saint Sébastien (B. 24). — Saint Jean dans le désert (B. 23). — L'Ange gardien (B. 28). 3 p.
Belles épreuves.

74 — Saint Benoît délivrant un possédé (B. 27). 1re épr. — L'Enlèvement d'Europe (B. 30). 2 p.
Belles épreuves.

75 — Vénus et Adonis (B. 33).
Belle épreuve.

CARAGLIO (J.).

76 — Adoration des Bergers (B. 4).

Belle épreuve.

CARPIONI (Jules)

77 — La Vierge prenant l'Enfant Jésus du berceau (B. 8). — Vierge au rosaire par Canuti. 2 p.

Belles épreuves.

CARRACHE (Louis)

78 — La Vierge aux anges (B. 2).

Très-belle épreuve du premier état, avec l'adresse de P. Stephanony.

79 — La Vierge de l'an 1604 (B. 3).

Belle épreuve.

CARRACHE (Augustin)

80 — Le Crucifix, d'après P. Veronèse (B. 21).

Très-belle épreuve.

81 — La Vierge donnant le sein à l'Enfant Jésus.

Belle épreuve.

82 — Sainte Famille (B. 43).

Très-belle épreuve.

83 — La Vierge, l'Enfant Jésus et saint Jean. Petite pièce e
hauteur, non décrite.

Belle épreuve. Très-rare.

84 — Saint François, d'après F. Vanni (B. 67).

Très-belle épreuve.

85 — Pan domptant l'Amour (B. 116).

Belle épreuve.

86 — Vénus sur la mer (B. 129).

Belle épreuve.

87 — Portrait de Tiliano Vecelli.

Très-belle épreuve. (B. 154.)

CARRACHE (ANNIBAL)

88 — Le Christ de Caprarole (B. 4).

Très-belle épreuve avant l'adresse de *N. Van Aelst.*

89 — La Vierge à l'écuelle (B. 9).

Très-belle épreuve avant l'adresse de *N. Van Aelst.*

90 — Saint Jérôme (B. 14).

Belle épreuve.

CASA (N. DELLA)

91 — Portrait de Baccio Bandinelli.

Belle épreuve.

CASTIGLIONE (GIO B.)

92 — Son portrait. — Paysage. 2 p.

Belles épreuves.

CAZANOVA

93 — Combat de cavalerie. Pièce à l'eau forte.

Belle épreuve.

CHAMPAGNE (PHILIPPE DE)

94 — Tête de Christ.

Très-belle épreuve. Rare.

CIAMBERLANO (L.)

95 — Les Chanteurs, copie d'après Marc-Antoine Raimondi.

Belle épreuve.

CLAIRS OBSCURS ITALIENS

96 — Par Andreani, Hugo du Carpi, Antoine de Trente et
autres. 16 p.

Belles épreuves.

COYPEL (Antoine)

97 — Pan vaincu par les amours (R. D. 10). — Apollon et
Marsias. Pièce gravée dans le goût de Coypel. — Bacchanale, par Denon. — La Nuit, par Le Brun (R. D. 7).
4 pièces.

Belles épreuves.

CRANACH (Lucas)

98 — La Penitence de saint Chrysostome (B. 2).

Belle épreuve.

99 — Charles V en pied (B. 128), portrait gravé sur bois.

Très-belle épreuve.

100 — Philippe Mélanchton en pied, en 1561 (B. 158). Gravé
sur bois.

Belle épreuve.

DALEN (C. Van)

101 — François Delboë Sylvius, médecin de l'Académie de
Leyde.

Très-belle épreuve.

DAVEN (Léon)

102 — Une déesse parlant à un vieux paysan, d'après le Primatice (B. 36).

Belle épreuve.

103 — Jupiter, changé en pluie d'or, visitant Danaé, d'après le Primatice (B. 40).

Belle épreuve.

104 — Cadmus combattant le dragon qui a dévoré ses compagnons, d'après le Primatice (B. 42).

Belle épreuve.

105 — Psyché puisant de l'eau dans la fontaine, d'après J. Romain (B. 46).

Belle épreuve.

DELAUNE (Étienne)

106 — Le Serpent d'airain, d'après J. Cousin (R. D. 61).

Belle épreuve.

DENON (D. Vivant)

107 — Lions et lionnes.

Très-belle épreuve.

DIAMANTINI (Joseph)

108 — Vénus et Adonis (B. 17). — La Madeleine, par P. Farinati. 2 p.

Belles épreuves.

DIETRICY (Chr. W.)

109 — Le Marchand de mort-aux-rats. — Paysages, etc. 7 pièces.

Belles épreuves.

DREVET (Pierre-Imbert)

110 — Cisternay Dufay (Charles-Jérôme de), d'après Rigaud.
Superbe épreuve avant toutes lettres. Très-rare.

111 — Claude Le Blanc, ministre de la guerre, d'après le Prieur.
Belle épreuve.

LE DUCQ (Jean)

112 — Le Chien et la Chienne (B. 3).
Très-belle épreuve.

113 — La Viande disputée (B. 5).
Très-belle épreuve.

114 — Mage allant offrir des présents à l'Enfant Jésus.

DURER (ALBERT)

115 — La Vierge assise au pied d'une muraille (B. 40).
Superbe épreuve. Collection R. Dumesnil.

116 — Les Trois Génies (B. 66).
Superbe épreuve.

117 — La Mélancolie (B. 74).
Très-belle épreuve.

118 — La Dame à cheval (B. 82).
Belle épreuve.

119 — L'Hôtesse et le Cuisinier (B. 84).
Très-belle épreuve.

120 — Le Seigneur et la Dame (B. 94).
Très-belle épreuve ; elle est signée au verso de P. Mariette.

121 — Le Cheval de la Mort (B. 98.)
Très-belle épreuve.

122 — Les Armoiries au coq (B. 100).
Très-belle épreuve ; elle est doublée.

123 — Sainte Famille (B. 96). — Jeune homme à cheval
(B. 116). — Deux pièces gravées sur bois.
Belles épreuves.

DUVAL (Marc)

124 — Les trois frères Coligny, en pied (R. D. 5).
Très-belle épreuve. Extrêmement rare.

DUVET (Jean)

125 — Le Poison et le Contre-poison (R. D. 61).
Très-belle épreuve.

DU VIVIER (G.)

126 — La Cuisinière (R. D.).
Belle épreuve.

DYCK (Antoine Van)

127 — Jean Breugel (C. 1), W. 1.
Très-belle épreuve avec les lettres G. H.

128 — Pierre Breugel (C. 2), W. 2.
Très-belle épreuve avec les initiales G. H.

129 — Érasme (Didier) (C. 5), W. 5.
Belle épreuve tirée sur papier à la folie.

130 — Paul Dupont (C. 9), W. 11.
Belle épreuve ; elle a de la marge.

131 — Snyders (François) (C. 12), W. 14.

Superbe épreuve du premier état à l'eau-forte pure; elle est rognée dans la partie blanche du papier. Collection Th. Lawrence. Extrêmement rare.

132 — Le même portrait.

Très-belle épreuve du premier état de la planche terminée par J. Neefs, avec les initiales G. H.

133 — Justus Suttermans (C. 14), W. 16.

Belle épreuve; elle a de la marge.

134 — Vosterman (Lucas) (C. 16), W. 18.

Superbe épreuve du deuxième état, avec le trait carré et le titre, mais avant le fond gravé. De la plus grande rareté.

135 — Le même portrait.

Très-belle épreuve du quatrième état, avec les initiales G. H.

135 *bis* — Le Christ au roseau.

Très-belle épreuve avant l'adresse de Bon enfant.

136 — Le Titien et sa maîtresse.

Très-belle épreuve avant l'adresse de Bon enfant.

DYCK (ANTOINE VAN) Attribué à

137 — L'Enfant Jésus et saint Jean caressant un agneau

Très-belle épreuve.

DYCK (Antoine Van) D'après

138 — Antoine Van Dyck, par L. Vosterman.

Très-belle épreuve du deuxième état, avec l'adresse de *Martin Van den Enden;* elle a une grande marge.

139 — Pierre-Paul Rubens, par P. Pontius.

Très-belle épreuve avec les lettres G. H.; elle a une grande marge.

ÉCOLE ITALIENNE

139 bis — La Vierge et l'Enfant Jésus, par B. Schidone, première épreuve. — L'Astrologie, d'après le Parmesan. — Enfants couchés, par Ricci. — Pan et l'Amour, par Flaminio. — Sainte Famille, par E. Sirani. 4 p.

Belles épreuves.

140 — Trois compositions du Repos en Égypte, par Procaccini.—Sacrifice et Sybille, par Passarotti.—Saint Jérôme et un évêque, par Palma. 7 p.

Belles épreuves.

141 — Saint Michel, Apollon et Marsyas, par Sirani; la Charité, par Rolli; Sujet de plafond, par Rotari; la Vierge et l'Enfant Jésus, par Solario, etc. 9 p.

Belles épreuves.

142 — La Fortune; l'Amour debout, par Scarcello; Adonis, par Saramuccia; saint Jérôme, par Sirani. 4 p.

Belles épreuves.

143 — Jésus et la Samaritaine, par F. Mola; saint Jérôme, par le Guide; Cariatides, par del Moro, etc. 6 p.

Belles épreuves.

144 — Sainte Famille, Suzanne et les vieillards, par Ant. de Triva; Présentation de la Vierge au temple, par Valegio; Sainte en extase, par F. Vanni, etc. 8 p.

Belles épreuves.

145 — Saint Jérôme, par Loli; Martyre de saint Barthélemy et l'Assomption; sainte Anne, par L. Jordano; la Création de l'homme, par Schiaminossi, etc. 8 p.

Belles épreuves.

146 — Vénus et les amours, par P. Testa; Bacchanale, par Podesta; Jésus mis au tombeau, par Ottini; l'Adoration des Bergers, par Mauro Oddi; Sacrifice, par Mercati, etc. 8 pièces.

Belles épreuves.

147 — La Vierge et l'Enfant Jésus, par Badiale; Hommes nus, par Micarino; la Samaritaine, par Ann. Carrache, etc. 10 pièces.

148 — Trois sujets mythologiques, gravés à l'eau-forte.

Belles épreuves.

EDELINCK (Gérard)

149 — Philippe de Champagne, d'après lui-même (R. D. 164).

Très-belle épreuve du premier état.

3

ELSHEIMER

150 — Tobie et l'Ange, marchant vers la droite. Petite estampe gravée à l'eau-forte.

Superbe épreuve. Très-rare.

ENFANTIN

151 — Paysages. 6 p. sur chine. — Essais à l'eau-forte, par H. Jolivard. 7 p. sur chine. — Essais de gravures à l'eau-forte, par Dessain. 8 p. sur chine. — Six belles eaux-fortes sur chine, par P. Huet.

Ensemble 27 p.

EVERDINGEN (Albert Van)

152 — Sujet de la fable du Renard (B. 8).

Très-belle épreuve avant la bordure et à l'eau-forte pure. Rare.

153 — Les Deux Échelles (B. 90).

Très-belle épreuve du premier état, à l'eau-forte pure et avant la bordure. Rare.

154 — L'Homme entre les deux pins (B. 93).

Très-belle épreuve du premier état, à l'eau-forte pure et avant la bordure. Rare.

FACINI (P.)

155 — Saint François d'Assise (B. 1).
Belle épreuve.

FALCK (J.)

156 — Portrait de Tycho Brahé.
Très-belle épreuve. Rare.

FALCONE (Ange)

157 — Le Tombeau, d'après le Parmesan (B. 13).
Très-belle épreuve du premier état.

FERDINAND (P.)

158 — Nicolas Poussin, d'après V. E.
Superbe épreuve; elle a une petite marge. Collection R. Dumesnil.

FIALETTI (O.)

159 — Vénus et l'Amour. 2 p.
Belles épreuves.

FICQUET (Et.)

160 — Molière, madame de Maintenon, J. J. Rousseau, J. B. Rousseau, Descartes, La Fontaine. 6 p.

Belles épreuves.

161 — L'Ariostc. Deux différents portraits.

Belles épreuves; une est avant la lettre.

FLAMEN (Albert)

162 — Vue du port à l'Anglais, du côté de Charenton; poissons, oiseaux. 7 p. dont 3 avant les numéros.

Très-belles épreuves.

FLORIS (Fr.)

163 — La Victoire au milieu de prisonniers; pièce faisant allusion à la victoire remportée par les Autrichiens sur les Turcs. Grande pièce à l'eau-forte.

Très-belle épreuve.

FRANCIA (François)

164 — Bacchus accompagné des gens de sa suite (B. 7).

Très-belle épreuve.

FREY (Jacques de)

165 — Portrait de Rembrandt. — Portrait d'homme, d'après
Rembrandt. 2 p.

Belles épreuves.

FYT (Jean)

166 — Chiens courants (B. 12). — Cheval debout (B. 3). —
Les Renards (B. 6). 3 p.

Belles épreuves.

GALLE (Ph.)

167 — Dante Alighieri, d'après J. Stradan. In-folio.
Belle épreuve.

GALLINARI (F.)

168 — Vénus et l'Amour.
Belle épreuve.

GANDOLFI (Gaetan)

169 — Bacchus enfant sur un tonneau. — Jeune femme dra-
pée. 2 p.

Belles épreuves.

GASPRE POUSSIN

170 — Sites agrestes. 4 p.
Belles épreuves.

GAULTIER (L.)

171 — Le Jugement dernier, d'après Michel-Ange.
Très-belle épreuve avant l'adresse de *Mariette*.

172 — Jacques Amyot, évêque d'Auxerre.
Belle épreuve ; elle est coupée à l'ovale.

GELLÉE (Claude), dit le Lorrain

173 — Le Bouvier (R. D. 8).
Superbe épreuve du deuxième état, avec le chiffre 4, à gau-che. Rare.

174 — Le Troupeau en marche par un temps orageux (R. D. 18).
Très-belle épreuve du premier état. Rare.

175 — L'Enlèvement d'Europe (R. D. 22).
Belle épreuve.

176 — Le Pont de bois. — La Danse sous les arbres. — Le Campo-Vaccino. 3 p.
Belles épreuves.

GENOELS (A.)

177 — Différents paysages. 8 p.

Belles épreuves.

GHISI (G.)

178 — Vénus dans la forge de Vulcain (B. 54).

Superbe épreuve. Collection du comte de Friès.

179 — Une Jeune femme assise dans un bateau, dans lequel monte un homme, d'après J. Romain (B. 65).

Belle épreuve.

GLOCKENTON (ALBERT)

180 — La Prise de Jésus-Christ (B. 5).

Très-belle épreuve; elle est doublée.

GOUDT (HENRI) Comte

181 — Tobie et l'ange. — L'Aurore. 2 p.

Belles épreuves.

GOYEN (JEAN VAN)

182 — Cinq petits paysages.

Très-belles épreuves.

GRIMALDI (Jean-François)

183 — Deux grands paysages et deux moyens. 4 p.
Belles épreuves.

HACKAERT (Jean)

184 — L'Arbre incliné (B. 4).
Belle épreuve.

HAEFTEN (Nicolas Van)

185 — Portrait de Nicolas Van Haeften (B. 1).
Très-belle épreuve.

186 — Le Grand Fumeur (B. 7)ª
Très-belle épreuve.

187 — Les Chanteurs (B. 8).
Très-belle épreuve du premier état, avant toutes lettres.

188 — Le Pêcheur (B. 9).
Très-belle épreuve.

189 — La Déclaration d'amour (W. 18).
Belle épreuve.

190 — Deux Fumeurs à une table ; un paysan debout parle
à l'un d'eux (W. 20).
Très-belle épreuve.

191 — Un homme et une vieille femme assis devant une table. Pièce en hauteur non décrite, par Bartsch et Weigel.

Première épreuve à l'eau-forte pure. Très-rare.

HECKE (Paul Van)

192 — Différents chiens (B. 1, 7, 9, 10 et 12). 5 p.
Belles épreuves.

193 — Différents animaux (B. 7, 10 et 11). 3 p.
Belles épreuves.

HEUSCH (Guillaume de)

194 — Le Grand Chevrier (B. 3).

Superbe épreuve du premier état, à l'eau-forte pure, avant des travaux sur le ciel et avant le nom du maître, au haut de la gauche. Très-rare.

HIRSVOGEL et LAUTENSACK

195 — Deux paysages.
Belles épreuves.

HOELZER (J.)

196 — L'Adoration des Bergers.—La Présentation au Temple. 2 pièces.
Belles épreuves.

HOLBEIN (Hans)

197 — Portrait d'Érasme en pied, dans une niche entourée d'ornements.

Très-belle épreuve avant l'inscription, au-dessous du soubassement.

HOLLAR (W.)

198 — Diane couchée.

Très-belle épreuve avant le nom de *Pontius*.

199 — Lions et tigres, d'après Rubens; Jeune femme, d'après Martin Schongauer; Portrait d'homme, d'après Holbein. 4 p.

Belles épreuves.

200 — Costumes, petits portraits, paysages, animaux. 19 p.

Belles épreuves.

HONDIUS (Abraham)

201 — Le Porc-épic (B. 6).

Belle épreuve ; elle est trouée de vers. Très-rare.

202 — Le Loup poursuivi (W. 7 *bis*). Pièce inconnue à Bartsch.

Très-belle épreuve. Extrêmement rare.

HOPFER (D.)

203 — Un Homme et une femme des plus contrefaits dansant ensemble (B. 72). — Portrait de l'empereur Maximilien (B. 79). 2 p.

Belles épreuves, avant les numéros.

JANSON (P. C.)

204 — Femme avec son enfant parlant à un homme à la porte d'une maison.

Trois épreuves : la première à l'eau forte pure et avant le ciel, la deuxième avec le ciel mais avant le nom, la troisième avec le nom.

JARDIN (Karèl du)

205 — Les Chiens couchés (B. 5).

Superbe épreuve du premier état, avant le numéro. Collection R. Dumesnil.

206 — Les Deux Anes (B. 6).

Très-belle épreuve du premier état, avant le numéro.

207 — Les Cochons couchés devant l'étable (B. 6).

Très-belle épreuve, avant le numéro.

208 — Six pièces de son œuvre.

Belles épreuves.

JORDAENS (Jacques)

209 — Jupiter enfant nourri par la chèvre Amalthée.
Belle épreuve, avant l'adresse de *Bloteling*.

KAUFFMANN (Angelica)

210 — Peintre appuyé. Jeune homme réfléchissant. 2 p.
Belles épreuves.

KOLBE (Chr. W.)

211 — Paysages et feuilles de roseaux. 8 p.
Belles épreuves.

KOOGEN (Léonard Van der)

212 — Saint Sébastien (B. 2).
Très-belle épreuve.

KRUG (Louis)

213 — La Nativité (B. 1).
Belle épreuve.

LAER (Pierre de)

214 — Les Chiens, les Buffles (B. 6 et 7). 2 p.
Belles épreuves.

LEYDE (Lucas de)

215 — Les deux Vieillards apercevant Suzanne dans le bain (B. 33).

Epreuve avant la retouche.

216 — La Promenade (B. 144).

Très-belle épreuve.

LIONI (Octave)

217 — Son portrait.

Très-belle épreuve.

LUTMA (Jean)

218 — Jean Lutma, orfévre.

Très-belle épreuve.

LIVENS (Jean)

219 — Les Joueurs et la Mort (Cl. 11).

Belle épreuve.

220 — Une Tête orientale (B. 18). Cl. 18.

Très-belle épreuve.

MAITRES ANONYMES ITALIENS DU XVᵉ SIECLE

221 — *Prudencia XXXV*. Carte tarot (B. 52).

Très-belle épreuve. Rare.

222 — Virginius tuant sa propre fille (B. xiiiᵉ vol. p. 108-5).

Très-belle épreuve.

223 — Saint Jérôme en pénitence, grande composition ana-
logue à celle gravée par Albert Durer. (Nᵒ 61 de son
œuvre sur cuivre.)

Cette estampe est classée parmi l'œuvre de Titien à la Bibliothèque impériale.

Belle épreuve. Très-rare.

224 — Animaux parmi lesquels on remarque une licorne se
désaltérant à une rivière.

Très-belle épreuve.

225 — Supplices d'hommes. Petite pièce.

Belle épreuve. Très-rare.

226 — Saint Jérôme à genoux; pièce gravée dans le goût de
Robetta. — Jésus mis au tombeau; estampes gravées au
maillet. 2 p.

227 — Portrait de Charles V, gravé sur bois en 1547, in-fol.

Belle épreuve. Rare.

MAITRE ANONYME
DE L'ÉCOLE DE FONTAINEBLEAU

228 — Allégorie, sujet gravé dans le goût de Léon Daven.

Belle épreuve. Rare.

MAITRES ANONYMES ITALIENS
DE L'ÉCOLE DU GUIDE ET AUTRES

229 — Saintes Familles, gravées à l'eau-forte par des élèves de l'École du Guide et autres. 9 p.

Belles épreuves.

230 — Groupe d'enfants. Pièce signée : *F. Primadis Bologne à Fontainebleau*. Vénus et les amours; saint Michel combattant; sujet mythologique; ces trois dernières pièces par le maître au monogramme C. P. 4 estampes.

Belles épreuves.

231 — La Vierge soutenant le corps mort de Jésus, Jésus portant sa croix, Jésus guérissant les malades, sujets de Saints. 6 p.

Belles épreuves.

232 — Sainte Famille. — Homme trayant une brebis. Deux petites gravures à l'eau-forte.

Belles épreuves.

233 — Pourceau couché devant une étable. Pièce gravée dan..
le goût de S. de Vleiger.

Belle épreuve.

MAITRE AU MONOGRAMME F. P.

234 — Les Apôtres, d'après le Parmesan. 4 pl.
Belles épreuves.

MAITRE AU MONOGRAMME H. E.

235 — L'Adoration des Bergers (B. 1).
Belle épreuve. Rare.

236 — Les Dieux Marins (B. 3).
Très-belle épreuve. Collection Durand. Rare.

MAITRE AU MONOGRAMME P. P.

237 — La Puissance de l'amour (B. 3).
Estampe de la plus grande rareté; elle est restaurée et
doublée.

MANTEGNA (ANDREA)

238 — La Vierge (B. 8).
Belle épreuve.

239 — Le Sénat de Rome accompagnant un triomphe (B. 11).
Les Soldats portant des trophées (B. 14). 2 p.

240 — Les Éléphants portant des torches (B. 12).
Très-belle épreuve.

241 — Combat de deux tritons (B. 17).
Très-belle épreuve ; elle est rognée des quatre côtés.

242 — Combat de dieux marins (B. 18).
Très-belle épreuve.

243 — Bacchanale au Silène (B. 20).
Très-belle épreuve.

MASSON (Antoine)

244 — Guillaume de Brisacier, d'après Mignard (R. D. 15).
Très-belle épreuve.

245 — Pierre Dupuis, peintre, d'après Mignard (R. D. 25)
Très-belle épreuve.

MATTUE (C.)

246 — Le Retour du chasseur (W. 7). Pièce inconnue à
Bartsch.
Belle épreuve.

4

MAAS DE JONGHE

247 — Combats de cavalerie. — Cavaliers au repos. 3 p.
Belles épreuves.

MAUPERCHÉ (H.)

248 — Trois Paysages.
Belles épreuves.

MAZZUOLI (Francesco), dit le Parmesan

249 — La Nativité (B. 3).
Très-belle épreuve.

250 — La même estampe. — La Sainte Vierge (B. 4). 2 p.
Belles épreuves.

251 — La Sépulture (B. 5).
Belle épreuve.

252 — La Résurrection (B. 6).
Belle épreuve.

253 — Sainte Thaïs (B. 11).
Belle épreuve.

254 — Le Berger debout (B. 12). — Le Jeune homme et les deux Vieillards (B. 13). 2 p.
Belles épreuves.

MECKEN (Israel Van)

255 — Saint Jacques le Mineur (B. 58).
Très-belle épreuve. Rare.

MEISSONIER (M.)

256 — Le Fumeur.
Très-belle épreuve sur papier de Chine; le nom de l'artiste est très-apparent.

MELDOLLA (André)

257 — L'Enfant Jésus dans le berceau entouré de saints (B. 62).

258 — Bellone, d'après le Parmesan (B. 76).
Très-belle épreuve.

MERCURY (P.)

259 — Les Moissonneurs dans les marais Pontins, d'après Léopold Robert.
Première épreuve tirée avant la totalité des travaux; elle est avant l'adresse de *Chardon*, imprimeur. Extrêmement rare.

260 — La même estampe.
Très-belle épreuve d'artiste, sur papier de Chine.

MEYERINGH (A.)

261 — Le Joueur de flûte (B. 3). — Paysages, par Anesi et Rysbraeck.

Belles épreuves.

MIELE (Jean)

262 — Le Berger (B. 1). — La Vieille (2). — L'Epine dans la plante du pied (3). 3 p.

Belles épreuves.

MILLET (Francisque)

263 — Les Deux Amants (B. 1).

Très-belle épreuve.

264 — Le Voyageur (B. 2).

Très-belle épreuve.

265 — Ville antique (B. 3).

Très-belle épreuve.

MODÈNE (Nicoletto de)

266 — Saint Georges (Pass. 80). Pièce inconnue a Bartsch.

Très-belle épreuve. Extrêmement rare.

267 — Apelles (Pass. 104). Estampe inconnue à Bartsch.

Belle épreuve. Très-rare.

MOLYN (Pierre de)

268 — Paysages ornés de figures (B. 1, 2 et 4). 3 p.
Belles épreuves.

MONTAGNA (Benedetto)

269 — L'Homme assis près d'un palmier (B. 28).
Belle épreuve du premier état, avant l'adresse de *Guidotti*.

270 — Deux Chasseurs (Pass. 53). Pièce inconnue à Bartsch.
Très-belle épreuve du premier état, non décrite, avant le nom : *Benedeto Montagna*, dans le haut de l'estampe. Extrêmement rare.

MORIN (Jean)

271 — Anne d'Autriche, reine de France, en veuve (R. D. 41).
Belle épreuve.

272 — Bentivoglio (Guido), cardinal, d'après Van Dyck (R. D. 43).
Superbe épreuve.

273 — Saint Charles Borromée (R. D. 46).
Très-belle épreuve.

274 — Henri II, roi de France (R. D. 59).
Belle épreuve ; elle est rognée à la bordure.

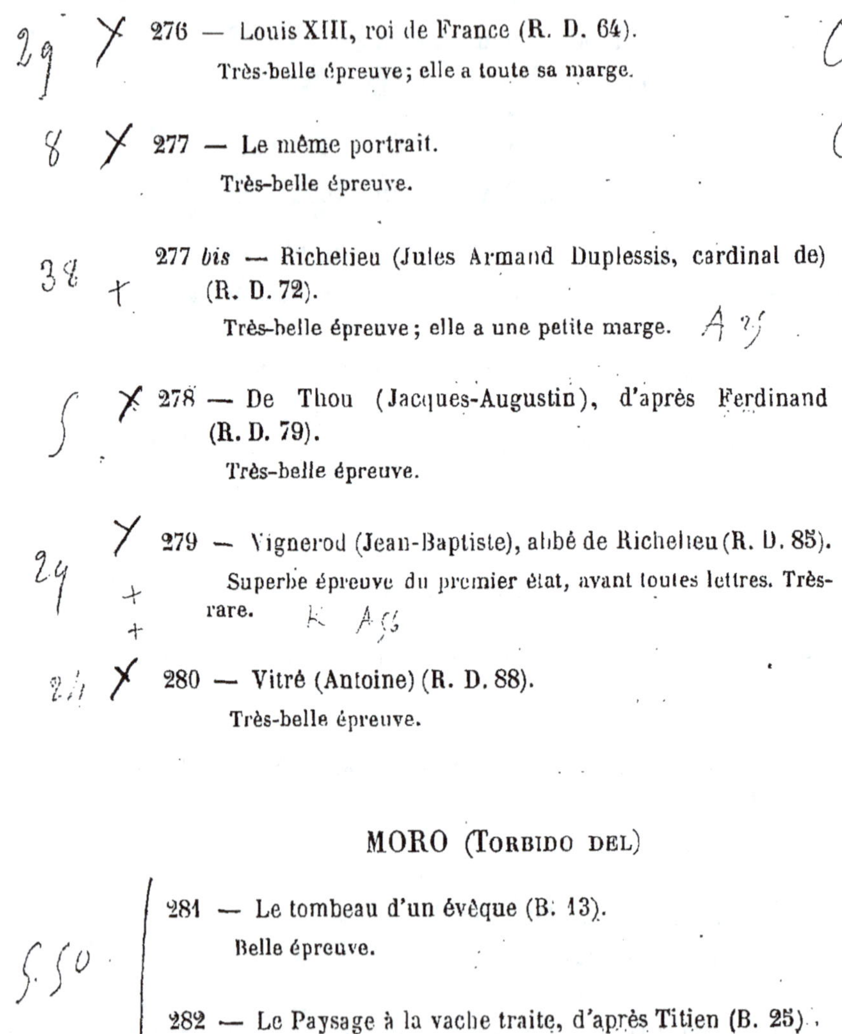

275 — Philippe II, roi d'Espagne, d'après Titien (R. D. 71).

Belle épreuve; elle est tachée.

276 — Louis XIII, roi de France (R. D. 64).

Très-belle épreuve; elle a toute sa marge.

277 — Le même portrait.

Très-belle épreuve.

277 *bis* — Richelieu (Jules Armand Duplessis, cardinal de) (R. D. 72).

Très-belle épreuve; elle a une petite marge.

278 — De Thou (Jacques-Augustin), d'après Ferdinand (R. D. 79).

Très-belle épreuve.

279 — Vignerod (Jean-Baptiste), abbé de Richelieu (R. D. 85).

Superbe épreuve du premier état, avant toutes lettres. Très-rare.

280 — Vitré (Antoine) (R. D. 88).

Très-belle épreuve.

MORO (Torbido del)

281 — Le tombeau d'un évêque (B. 13).

Belle épreuve.

282 — Le Paysage à la vache traite, d'après Titien (B. 25).

Belle épreuve.

283 — Romulus et Rémus, d'après J. Romain (B. 29).

Très-belle épreuve du premier état, avant la marque B. M.

MOZZETO (Jérôme)

284 — Homme nu assis à terre (B. 6).

Superbe épreuve. De la plus grande rareté.

NADAT, dit le Maître a la Ratière

285 — La Vierge et sainte Anne (B. 1).

Très-belle épreuve du premier état, avant la retouche. Rare.

NAIWJNCX (Henri)

286 — Différents paysages ; suite de huit estampes (B. 1-8).

Très-belles épreuves, avec l'adresse de *Clément de Jonghe* ; elles ont une petite marge.

287 — Différents paysages ; suite de huit estampes (B. 9-16).

Très-belles épreuves, avec l'adresse de *Clément de Jonghe* ; elles ont une petite marge.

288 — Paysage (B. 3).

Très-belle épreuve.

NANTEUIL (Robert)

289 — David Blondel (R. D. 41).

Très-belle épreuve du premier état.

290 — Jean Loret (R. D. 50):

Très-belle épreuve, avant la virgule après le mot Loret.

NATOIRE (Charles)

291 — Sujet d'enfants.

Belle épreuve.

NEYTS (Gilles)

292 — Abraham renvoyant Agar.

Belle épreuve du premier état, avec l'adresse de *J. Huyssens*, qui, plus tard, a été remplacée par celle de *F. Wyngaerde*; elle est un peu rognée.

293 — Le Petit Pont (B. 5).

Très-belle épreuve du premier état, avant l'adresse de *F. V. Wyngaerde*.

294 — Le Cavalier (B. 6).

Très-belle épreuve du deuxième état, avant l'adresse de *F. Wyngaerde*.

295 — Le Palefrenier (B. 7).

Très-belle épreuve du deuxième état, avant l'adresse de *F. V. Wyngaerde*.

296 — L'Homme et son chien (B. 8).

Très-belle épreuve du deuxième état, avant l'adresse de *F. V. Wyngaerde*.

NYPOORT (J. V. D)

297 — Le Rémouleur.

    Très-belle épreuve.

OORDT (Jean Van)

298 — Troupeau composé de bœuf, vache, moutons et chèvres, d'après P. de Laar.

    Très-belle épreuve.

299 — Paysage avec ruines, d'après P. Lastman.

    Très-belle épreuve.

ORLEY (Richard Van)

300 — Concert dans un paysage; sujet allégorique. Deux jolies pièces à l'eau forte.

    Belles épreuves.

OSTADE (Adrien Van)

301 — La Grange (B. 23).

    Très-belle épreuve.

302 — La Fileuse (B. 31).

    Très-belle épreuve avec la bordure faible.

303 — Paysan payant son écot (B. 42).

Belle épreuve.

304 — Fête sous la treille ou la Fête de village (B. 47).

Superbe épreuve du premier état, à l'eau forte pure. Extrêmement rare.

OUDRY (J. B.)

305 — Sujets de chasse. 3 p.

Belles épreuves.

PASSE (C. DE)

306 — Ferdinand, comte palatin du Rhin, duc de Bavière.

Très-belle épreuve.

PATEL, LE PÈRE

307 — La Forêt (R. D. 29).

Très-belle épreuve.

PENTCZ (GEORGES)

308 — Mucius Scœvola se brûlant la main (B. 74).

Très-belle épreuve.

309 — Titus Manlius faisant trancher la tête à son fils (B. 76).

Très-belle épreuve.

310 — Tarquin voulant vio'er Lucrèce.
Très-belle épreuve.

PÉRIGNON (N.)

311 — Paysages. 23 p.
Belles épreuves.

PESNE (Antoine)

312 — Nicolas Poussin, d'après lui-même, in-fol.
Très-belle épreuve.

PLATTE-MONTAGNE (N. de)

313 — François Ier, roi de France, d'après Janet.
Très-belle épreuve ; elle a de la marge.

POLLAIOLO (Antoine)

314 — Les Gladiateurs (B. 2).
Très-belle épreuve ; elle est doublée et mal conservée.

POTTER (Paul)

315 — La Mazette (B. 13).
Très-belle épreuve.

316 — Le Vacher (B. 14).

Très-belle épreuve tirée sur papier à la Folie; elle a une petite marge.

317 — Le Berger (B. 15).

Très-belle épreuve avec l'adresse de *Clément de Jonghe*.

PRIMATICE (FR.)

318 — Les Deux Femmes romaines (B. 1).

Très-belle épreuve; c'est la seule estampe gravée par ce grand maître.

RAIMONDI (MARC-ANTOINE)

319 — Dieu ordonnant à Noé de bâtir l'arche, d'après Raphaël (B. 3).

Épreuve restaurée et doublée.

320 — La Nativité (B. 16).

Pièce très-rare.

321 — Le Massacre des Innocents, d'après Raphaël (B. 18). Première planche, dite au *Chicot*.

Superbe épreuve; elle est restaurée et doublée. Collection Denon.

322 — La Cène, d'après Raphaël (B. 26).

Très-belle épreuve. Extrêmement rare.

323 — Saint Paul prêchant à Athènes, d'après Raphaël (B. 44).

Très-belle épreuve. Collection P. Lely.

324 — Scipion l'Africain (B. 189).

Belle épreuve.

325 — Lucrèce, d'après Raphaël (B. 192).

Très-belle épreuve ; elle a de légères restaurations aux extrémités de la planche. Cette estampe est une des plus rares de l'œuvre de Raimondi.

326 — Cléopâtre, d'après Raphaël (B. 199).

Superbe épreuve. Collection Debois. Très-rare.

327 — Le Triomphe, d'après Mantegna (B. 213).

Très-belle épreuve ; elle est restaurée.

328 — Deux Faunes portant un enfant (B. 230).

Magnifique épreuve ; elle a une petite marge. Extrêmement rare de cette beauté. Collection Debois.

329 — Le Jugement de Pâris, d'après Raphaël (B. 245)

Très-belle épreuve ; elle est restaurée.

330 — Le Parnasse, d'après Raphaël (B. 247).

Magnifique épreuve d'une parfaite conservation ; elle porte la signature de P. Mariette et la date de 1666. Cabinet Borduge. Extrêmement rare de cette qualité.

331 — Le Satyre et l'Enfant, d'après Raphaël (B. 284).

Superbe épreuve. Collections E. Durand, R. Dumesnil e Debois.

332 — Vénus apparaissant à Enée (B. 288).

Belle épreuve. Très-rare.

333 — La Vendange, d'après Raphaël (B. 306).

Belle épreuve.

334 — Vulcain, Vénus et l'Amour (B. 326).

Très-belle épreuve; elle a subi de légères restaurations. Collection Debois. Extrêmement rare.

335 — Mars, Vénus et l'Amour (B. 345).

Belle épreuve.

336 — Apollon et Hyacinthe (B. 348).

Très-belle épreuve; elle est restaurée et mal conservée.

337 — Amadée (B. 355).

Magnifique épreuve. Très-rare de cette condition.

338 — Le Songe de Raphaël (B. 359).

Très-belle épreuve. Collection E. Durand.

339 — La Prudence, d'après Raphaël (B. 371).

Très-belle épreuve. Collections Denon et Debois.

340 — L'Homme et la Femme aux boules (B. 377).

Magnifique épreuve. Collection Debois.

341 — La Paix, d'après Raphaël (B. 393).

Très-belle épreuve; elle a une petite restauration vers le bas de la gauche de l'estampe.

342 — Les Deux Femmes au zodiaque, d'après Raphaël (B. 397).

Magnifique épreuve.

343 — Le Joueur de violon entouré de trois femmes nues (B. 398).

Très-belle épreuve; elle est doublée et mal conservée.

344 — La Jeune Femme entre deux hommes (B. 399).

Belle épreuve.

345 — La Jeune Mère s'entretenant avec deux hommes (B. 432).

Très-belle épreuve.

346 — L'Homme portant la base d'une colonne, par A. Vénitien (B. 477).

Très-belle épreuve.

347 — Un Empereur assis (B. 441).

Très-belle épreuve.

348 — Les Grimpeurs, d'après Michel-Ange Buonarotti (B. 487).

Très-belle épreuve. Rare.

349 — Muse portant un feston de feuilles et de fruits (B. 272). — La Force (B. 391). — La Charité (copie). 3 p.

350 — Danse d'Amours (copie). — Jeux d'Enfants, par Gimignani. 2 p.

REMBRANDT (Van Rhyn)

351 — Portrait de Rembrandt tenant un sabre (B. 88). Cl. 18. Ch. Blanc 231.

Belle épreuve.

352 — Portrait de Rembrandt appuyé (B. 21). Cl. 2. Ch. B. 234.

Superbe épreuve. Très-rare à rencontrer de cette beauté.

353 — Le Sacrifice d'Abraham (B. 35). Cl. 36. Ch. B. 6.
Très-belle épreuve.

354 — Le Triomphe de Mardochée (B. 40). Cl. 44. Ch. B. 12.
Belle épreuve ; elle a de la marge.

355 — L'Ange qui disparaît à la famille de Tobie (B. 43). Cl. 47. Ch. B. 16.

Très-belle épreuve avant les travaux sur le terrain, dans l'angle du bas de la gauche.

356 — L'Annonciation aux bergers (B. 44). Cl. 48. Ch. B. 14.
Très-belle épreuve.

357 — La Circoncision (B. 47). Cl. 51. Ch. B. 20.

Très-belle épreuve du premier état, avant le raccord des travaux au milieu du haut de l'estampe.

358 — La Circoncision (B. 48). Cl. 52. Ch. B. 21.
Très-belle épreuve.

359 — Repos en Egypte (B. 57). Cl. 61. Ch. B. 30.
Belle épreuve.

360 — Jésus-Christ prêchant, ou la Petite Tombe (B. 67). Cl. 71. Ch. B. 39.

Superbe épreuve, tirée sur papier du Japon ; elle a une petite marge.

361 — Martyre de saint Etienne (B. 97). Cl. 100. Ch. B. 68.
Très-belle épreuve.

362 — Saint Jérôme (B. 108). Cl. 105. Ch. B. 73.

Très-belle épreuve avant que le cintre ait été renforcé au burin. Collection Graaf.

363 — Vue d'Omval (B. 209). Cl. 206. Ch. B. 312.

Belle épreuve.

364 — Le Paysage aux trois arbres (B. 212). Cl. 209. Ch. B. 315.

Superbe épreuve.

365 — La Barque à la voile (B. 228). Cl. 225. Ch. B. 329.

Très-belle épreuve. Collection Poggi.

366 — Vieillard à grande barbe (B. 260). Cl. 257. Ch. B. 281.

Superbe épreuve.

367 — Homme avec chaîne et croix (B. 261). Cl. 258. Ch. B. 257.

Très-belle épreuve avant le prolongement des travaux au bord supérieur de la planche. Collection Graaf.

368 — Reinier Ansloo (B. 271). Cl. 268. Ch. B. 170.

Très-belle épreuve. Collection Poggi.

369 — Clément de Jonghe (B. 272). Cl. 269. Ch. B. 180.

Très-belle épreuve du quatrième état.

370 — Jean Lutma (B. 276). Cl. 273. Ch. B. 182.

Très-belle épreuve tirée sur papier à la folie.

371 — Le même Portrait.

Très-belle épreuve tirée sur papier de soie.

372 — Jean Silvius (B. 280). Cl. 277. Ch. B. 187.

Superbe épreuve.

373 — Uttenbogaerd, dit le Peseur d'or (B. 281). Cl. 278. Ch. B. 190.

Vigoureuse épreuve tirée sur papier du Japon.

374 — Portrait de Jacques Cats (B. 286). Cl. 283. Ch. B. 173.

Très-belle épreuve.

375 — Vieille Femme assise (B. 343). Cl. 333. Ch. B. 196.

Très-belle épreuve.

376 — Trois Têtes de femmes, dont une qui dort (B. 368). Cl. 358. Ch. B. 251.

Très-belle épreuve.

377 — Uttenbogardus, le Jeune Haaring, Griffonnements avec six têtes de femmes. 3 p.

RENI (GUIDO)

378 — Trois Saintes Familles, l'Enfant Jésus et saint Jean, Saint Jérôme, Femme portant un coussin, Vierge au rosaire, d'après le Guide. 8 p.

Belles épreuves.

RESTOUT (J.)

379 — Le R. P. D. Andrea Le Mason, à genoux devant une tête de mort.

Très-belle épreuve.

REVERDINO (G.)

380 — Le Branle (B. 34).
Belle épreuve.

RIBERA (G.)

381 — Saint Jérôme effrayé (B. 4).
Très-belle épreuve.

382 — Le Corps mort de Jésus-Christ (B. 1). — Saint Jérôme lisant (2). — Saint Barthélemi (6). — Saint Pierre (7). 4 p.

383 — Le Centaure et le Triton (B. 11). — Le Satyre fouetté (12). 2 p.
Belles épreuves.

384 — Etudes d'yeux au trait, ombrés et terminés. — Etudes de bouches (B. 15 et 16). 2 p.
Belles épreuves, avec marge.

385 — Le Poëte (B. 10). — Silène (13). — Repos en Egypte. 3 p.

386 — Don Juan d'Autriche à cheval (B).
Très-belle épreuve; elle est mal conservée et doublée.

ROBETTA

387 — Adam et Eve, et leurs deux enfants (B. 5).
Très-belle épreuve.

388 — L'Adoration des Rois (B. 6).

Belle épreuve. Collection E. Durand.

389 — L'Homme attaché à un arbre par l'Amour (B. 25).

Belle épreuve.

RODERMONT (M.)

390 — Jean Second, poëte.

Très-belle épreuve.

ROGMAN (R.)

391 — Dix Paysages.

Très-belles épreuves.

ROOS (J. H.)

392 — Les Moutons au pied de l'arbre (B. 30)

Très-belle épreuve.

ROTA (Martin)

393 — Charles Clusius (B. 62).

Très-belle épreuve.

394 — La Déesse tutélaire de la Toscane (B. 105).

Belle épreuve.

RUBENS (P. P.)

395 — Saint François. — La Madeleine. — La Vieille à la
chandelle. 3 p.
    Belles épreuves.

RUYSDAEL (J.)

396 — La Chaumière au sommet de la colline (B. 3).
    Très-belle épreuve tirée sur papier à la folie et avec les an-
gles de la planche aigus.

397 — La Chaumière au sommet de la colline. — Les Pay-
sans et le Chien. — Le Pont de bois (B. 1 à 3). 3 p.
    Belles épreuves.

SAFT-LEVEN (H.)

398 — Le Printemps (B. 22). — L'Hiver (B. 25). 2 p.
    Très-belles épreuves ; elles ont une petite marge.

399 — La Femme trayant la vache (B. 34).
    Très-belle épreuve du premier état, à l'eau-forte pure et
avant le nom du maître.

SANDRART (J.)

400 — L'Arioste, d'après Titien.
    Belle épreuve.

SART (Corneille du)

401 — Le Joueur de violon assis (B. 15).

Très-belle épreuve, avec les travaux à la roulette fort apparents.

402 — November (B. 30). — Le Beau désir. — La Vue, par J. Gole. 3 p. gravées en manière noire.

Belles épreuves.

403 — Fête de Village. — Le Cordonnier. 2 p.

Belles épreuves.

SAVART (P.)

404 — Richelieu, Bossuet, Boileau. 3 p.

Belles épreuves.

SAVRY (S.)

405 — Lord Thomas Fairfax, coiffé d'un chapeau.

Très-belle épreuve. Rare.

SCHMIDT (G. F.)

406 — Portrait de Rembrandt.

Très-belle épreuve.

SCHOENFELD (Jean-Henri)

407 — Homme assis dans un paysage, méditant.
Belle épreuve. Rare.

SCHONGAUER (Martin)

408 — Saint Jean l'Évangéliste (B. 55).
Belle épreuve.

409 — Le Sauveur (B. 68).
Belle épreuve.

SCHUPPEN (P. Van)

410 — Eustache Lesueur, d'après lui-même.
Très-belle épreuve.

SCHUTZ

411 — Vue du Rhin. Pièce gravée à l'eau-forte.
Belle épreuve.

SEGERS (G.)

412 — Godefroy Chodkiewicz, duc de Moscovie.
Belle épreuve. Très-rare.

SMEES (J.)

413 — Différents paysages ; suite de quatre estampes (B. 1-4).
Belles épreuves.

STAR (Thierry Van)

414 — Le Tambour ivre (B. 16).
Très-belle épreuve. Rare.

STOCK (J. Van der)

415 — Paysage d'après Fouquière.
Belle épreuve.

STOOP (Thierry)

416 — Différents chevaux ; suite de douze estampes (B. 1-12).
Très-belles épreuves, avant les numéros ; elles ont une petite marge.

SUBLEYRAS (P.)

417 — Le Serpent d'airain.
Belle épreuve.

SUYDERHOEF (Jonas)

418 — Joannes Hoornbeeck.
  Très-belle épreuve du premier état.

419 — Les Bourgmestres d'Amsterdam, d'après T. Keyser.
  Très-belle épreuve. Collection Durand.

SWANEWELT (H.)

420 — Vues des campagnes de Rome. 4 p.
  Belles épreuves.

421 — Paysages et Animaux. 23 p.
  Belles épreuves.

SWEERTS (M.)

422 — Portrait d'homme (B. 5).
  Très-belle épreuve.

423 — Portrait de Guillaume Van der Borcht (B. 4).
  Très-belle épreuve.

TENIERS (D.)

424 — La Fête flamande.
  Très-belle épreuve du premier état.

425 — Intérieur de cuisine. — Paysan jouant du violon. 2 p.
Belles épreuves.

TIEPOLO (D.)

426 — Sujet de la Fuite en Egypte, caprices. 15 p.
Belles épreuves.

UDEN (Lucas Van)

427 — Paysage avec un canal (B. 24).
Très-belle épreuve.

428 — Paysage avec un canal (B. 26).
Très-belle épreuve.

UL (Sébastien d')

429 — Repos en Egypte (B. 1).
Très-belle épreuve.

ULIET (J. G. Van)

430 — Jésus présenté au peuple. — Deux sujets de gueux.
3 p.
Belles épreuves.

VADDER (Louis de)

431 — Le Paysage à la pluie (B. 11).
Très-belle épreuve.

VECELLIO (Titiano)

432 — La Sainte Vierge accompagnée de saints (B. 2).
Belle épreuve.

433 — Les Trois Flûteurs (B. 3).
Très-belle épreuve.

VELDE (Adrien Van)

434 — Le Vacher et le Taureau (B. 1). — La Vache couchée
(B. 2). — Les Chiens couchés (B. 9). Trois estampes.
Belles épreuves; le n° 1 est avec l'adresse de *Dankerts*.

435 — Différents animaux; suite de cinq estampes (B. 11-15).
Très-belles épreuves.

VERMEULEN

436 — Jacques Sirmondus, de la société de Jésus.
Très-belle épreuve, avant l'inscription dans la tablette.

VERNET (Joseph)

437 — La Plage à la grosse tour. Retour de la pêche (De B. 1 et 2). 2 pièces.

  Belles épreuves.

VERSCHURING (H.)

438 — La Bataille (B. 1).

  Très-belle épreuve. Extrêmement rare.

VICO (Enée)

439 — Buste de Jean de Médicis (B. 254).

  Belle épreuve.

VISSCHER (Corneille)

440 — Berger caressant une bergère, d'après P. de Laer.

  Très-belle épreuve ; elle a une petite marge.

441 — Henderukus du Booys, d'après Van Dyck.

  Belle épreuve.

442 — Robert Junius.

  Très-belle épreuve, avant l'année

VLIEGER (Simon de)

443 — L'Auberge (B. 8).

Très-belle épreuve.

444 — Les Cochons couchés (B. 16).

Très-belle épreuve.

445 — Le Chien enchaîné (B. 20).

Très-belle épreuve.

VOSTERMAN (Lucas)

446 — Le Connétable de Bourbon.

Très-belle épreuve.

447 — Antoine Triest, évêque de Gand, d'après A. de Vriès.

Belle épreuve.

WAEL (Jean), dit le Vieux

448 — Deux sujets de la vie de l'Enfant prodigue. Pièces inconnues à Bartsch et à Weigel.

Belles épreuves.

449 — Sujets mêlés de figures et d'animaux. 3 p.

Belles épreuves.

WATERLOO (Antoine)

450 — Le Départ d'Agar (B. 131).

Très-belle épreuve, tirée sur papier à la folie.

451 — Agar consolée par l'ange (B. 132).

Très-belle épreuve, sur papier à la folie; elle a une petite marge.

452 — Le Prophète de Juda (B. 133).

Très-belle épreuve.

453 — Elie dans le désert (B. 136).

Superbe épreuve, tirée sur papier à la folie; elle a une petite marge.

454 — Petits paysages. 3 p.

Très-belles et anciennes épreuves

455 — Grands Paysages. 11 p.

Belles épreuves.

WIERIX (Jean)

456 — Marie de Médicis, reine de France.

Très-belle épreuve.

WIERIX (Jérôme)

457 — Henri III, roi de France.

Belle épreuve.

458 — Philippe Emmanuel de Lorraine, duc de Mercœur.
Très-belle épreuve.

WOOLLETT (W.)

459 — Édifices en ruines, d'après Cl. Lorrain.
Belle épreuve.

WYCK (Thomas)

460 — La Fileuse au fuseau. (B. 1).
Très-belle épreuve du premier état.

461 — L'Homme ajustant sa chaussure (B. 4). — La Fileuse
et le forgeron (B. 6). 2 p.
Belles épreuves.

462 — Les Cuisinières près du puits. — La Femme portant
deux paniers (B. 13 et 14). 2 p.
Belles épreuves.

463 — Le Coffre ouvert (W. 25).
Belle épreuve.

ZAGEL (Martin)

464 — Sainte Ursule. — Lueur et obscurité. 2 p
Belles épreuves.

ZEEMAN (Reinier)

465 — L'Emeute des matelots (B. 2).

 Très-belle épreuve. Fort rare ; elle est un peu tachée.

466 — Deux Marines.

 Très-belles épreuves.

ZOAN (Andrea)

467 — Trois Amours debout (B. 13).

 Très-belle épreuve. Extrêmement rare.

468 — La Danse de quatre femmes, d'après Mantegna (B. 18)

 Epreuve doublée.

469 — Panneau d'ornements (B. 33).

 Belle épreuve. Très-rare.

470 — Douze Enfants nus jouant avec des amandes (Pass. 40).

 Estampe inconnue à Bartsch.

 Belle épreuve. Très-rare.

CHARLET (R. T.)

471 — La Mort du Cuirassier.
Très-belle épreuve. Rare.

472 — Le Drapeau défendu.
Très-belle épreuve. Rare.

473 — Costumes militaires : *Lith. de C. Lasteyrie.* 12 p. Très-rare. — *Lith. de F. Delpech.* 29 p. Rare. — Chasseur à pied en grande tenue. Rare. Ensemble 42 pièces en un album.

474 — Costumes de la vieille garde. *Lith. de F. Delpech.* 30 Pièces en un album.

475 — Que dit-on? — On ne dit rien. — On dit. — Il faut en rire.—Odry.—Le peintre.—M. Pigeon en grande tenue. — Soyez plutôt maçon. — Pièces tirées d'albums, par Charlet et Bellangé; plusieurs sont sur chine. 56 p. en un album.

476 — Sujets d'albums. 45 p. en un album.

477 — Sujets d'albums. 31 p. — Autres sujets d'albums pour 1832, par Raffet. 12 p. Ensemble 43 p. en un album.

478 — Sujets d'album. 41 p., la plupart sur chine. — Affaire du jour à Rome, par Pigal. 12 p. coloriées. Ensemble 53 p. en un album.

GÉRICAULT (J. L. T. A.)

479 — Mameluck défendant un trompette, blessé à mort sur son cheval, contre un Cosaque qui arrive au galop.
Très-belle épreuve. Rare.

PRUDHON (P. P.)

480 — Une Famille malheureuse.
Belle épreuve avant la retouche.

ROBERT (L.)

481 — Paysan et sa fille endormis ; jeune femme assise dans la campagne. 2 p.
Belles épreuves sur chine.

VERNET (H.)

482 — Un Album contenant 57 p. de son œuvre lithographié.
Belles épreuves.

483 — Lettres sur la Suisse, par MM. H. Sazerac et G. Engelmann, accompagnées de vues dessinées, d'après nature et lithographiées, par Villeneuve. Paris, 1823. In-fol., dem. rel.

484 — Choix de vues pittoresques d'Italie, de Suisse, de France et d'Espagne, par le vicomte de Senonnes. In-fol.

485 — Paysages et vues, par Villeneuve, J. Isabey, Gudin, etc. 35 p. en un album.

486 — Antiquités de l'Alsace, par Bichebois et Chapny. 88 pl. en 1 vol. in-fol., dem. rel.

487 — Album de 88 vues de Suisse, par Villeneuve, sur chine.

488 — Album contenant 39 vues, par E. Isabey et Michallon, en épreuves sur chine.

489 — Vues du royaume de Naples, d'après L. Coignet, par Tirpenne et Villeneuve. In-fol. obl.

490 — Environs de Paris. — Croquis du cours de la Tamise, par Monthelier et Tirpenne. 34 pl. en un album.

LIVRES A FIGURES

---

491 — Loges de Raphaël au Vaticau, par N. Chapron.

Très-bel exemplaire avant l'adresse de *P. Mariette*, avec grande marge. Pet. in-fol., cart.

492 — La Vie de saint Bruno, peinte par E. Lesueur et gravée par F. Chauveau. 22 pl. et le frontispice. In-fol. veau.

493 — Le Maraviglie de l'art, recueil de 64 petits portraits, gravés par O. Lioni et autres. In-4 veau.

494 — C'est l'ordre qui a été tenu à la nouvelle et joyeuse entrée que très-hault, tres-excellent et tres-puissant prince, le roy tres-chrestien Henry, deuzieme de ce nom, a faicte en sa bonne ville et cité de Paris, le 16 juin 1549. *On les vend à Paris, par Jehan Dallier, sur le pont Sainct-Michel, par privilege du Roy.* In-4 veau.

495 — Le Imagini delle donne Auguste intagliate in stampa di rame, con le vite, et ispositioni di Enea Vico, sopra i reversi delle loro medaglie antiche. Venise, 1557. In-4, cart.

496 — Promptuarii iconum insignorum a seculo hominum, subiectis eorum vitis, per compendiu ex probatissimis autoribus desumptis. *Lungdini, apud Gulielmum Rouillium*, 1578 et 1588. 2 part. en 1 vol. in-4, vél.

497 — Musée des monuments français, par Alexandre Lenoir. Paris, de l'imprimerie de Guilleminet, 1800-1803. 6 vol. in-8, cart.

198 — Annales du musée et de l'École moderne des beaux-arts, par C. Landon. — Paysages. 4 vol. — Partie des tableaux. 17 vol. — Galerie Gustiniani. 1 vol. — Salon de 1808. 1 vol. — Salon de 1810. 1 vol. — Salon de 1812. 2 vol. — Salon de 1814. 1 vol. — Salon de 1817. 1 vol. Ensemble 28 vol., broch., cart.

499 — Musée de sculpture antique et moderne, par le comte de Clarac. Paris, Victor Texier, 1826-53 : 6 vol. de pl., gr. in-4, et 6 vol. de texte, gr. in-8, dem. rel., mar. r.

500 — Recueil de 51 planches, gravées par J. J. de Boissieu. In-fol., obl., cart.

501 — Costumes des XIIIe, XIVe et XVe siècles, par Camille Bonnard. Paris, 1829-30. 2 vol. in-4, fig. sur chine, dem. rel.

502 — Pompéi et Herculanum, par E. Breton. Paris, Gide, 1855. In-4, dem. rel. *Planches gravées.*

503 — Recueil d'antiquités dans les Gaules, par le comte de Caylus. In-4.

504 — Recueil de cent sujets de divers genres, composés et
gravés à l'eau-forte, par Duplessis Bertaux. Paris, 1814.
In-4, obl., cart.

505 — Histoire de l'Enfant prodigue, par Duplessis Bertaux.
Paris, 1816. In-4, obl., cart. *Planches gravées.*

506 — OEuvres de Bernard de Palissy, par MM. Faujas de
Saint-Fond et Gobert. In-4.

507 — Galerie de l'Hermitage, gravée au trait, d'après les
plus beaux tableaux qui la composent, publiée par X.
Labenski. Saint-Pétersbourg, chez Alici, libraire, 1809.
2 vol. in-4, cart., contenant 77 pl. gr.

508 — Gazette des beaux-arts. Années 1860 et 1861 reliées
en 7 vol. in-4, dem. rel. Année 1862 en livraisons. 15 livraisons des années 1863, 1864 et 1865.

509 — Recueil de monuments antiques, par Grivaud de la
Vincelle. 2 vol. in-4, cart.

510 — Recueil de cinquante sujets d'animaux, gravés à l'eau-
forte, par Howitt's. London, 1812. In-4, obl., cart.

511 — Antiquités nationales, par Millin. 5 vol. in-4, cart.

512 — Dictionnaire des antiquités romaines et grecques, par
Anthony Rich. *Paris, librairie de Firmin Didot,* 1859.
1 vol. in-8, dem. rel.

513 — Vies de Raphaël et de Michel-Ange, par Quatremère
de Quincy. Paris, 1835. 2 vol. in-8, br.

514 — Œuvres de Jean Goujon, par Reveil. Paris, 1844.
In-4, dem. rel. *Grand nombre de planches.*

515 — Œuvres du Parmesan, par Reveil. Pet. in-fol., br.

516 — Trésor de numismatique et de glyptique. 1 vol. in-fol.;
série des bas-reliefs et ornements.

517 — Éléments de perspective, par Valenciennes. In-4.

518 — Vies des peintres, sculpteurs et architectes, par G. Va-
sari, traduites et annotées par Léopold Leclanche. Paris,
Just Tessier, 1839. 10 vol. in-8, dem. rel.

519 — Concours décennal, ou Collection gravée des ouvrages
de peinture, sculpture, architecture et médailles men-
tionnés dans le rapport de l'Institut. Paris, chez Filhol
et Bourdon, 1812.

520 — Recueil des monuments les plus intéressants du Royal
musée Bourbon. Naples, 1825. 80 pl. — Recueil des plus
intéressantes peintures d'Herculanum et de Pompéi du
Royal musée Bourbon. 120 pl. 2 vol. in-4.

521 — Peintres primitifs; collection de tableaux rapportée
d'Italie et publiée par M. de Montor. *Paris, Challamel,*
1843. In-4, dem. rel., fig.

522 — Galerie des antiques, ou Esquisses des statues, bustes
et bas-reliefs, fruit des conquêtes de l'armée d'Italie, par
Aug. Legrand. *Paris, Renouard,* 1805. In-8, br.

523 — Un Album contenant 102 vues de Paris, 15 vues de France et 5 vues d'Italie. Ensemble 122 p., par Is. Silvestre.

524 — Recueil de 57 paysages, d'après Cl. Lorrain, G. Poussin et autres, gravés par Vivarès.

525 — Description de médailles antiques, grecques et romaines, par Mionnet. Paris, 1808. In-8, br. *Nombre de planches gravées.*

526 — De la rareté et du prix des médailles, par Mionnet. Paris, 1827. 2 vol. in-8, br.

527 — Traité élémentaire de numismatique ancienne, par Gérard Jacob. Paris, 1825. 2 vol. in-8, dem. rel.

528 — Manuel de numismatique, par Hennin. Paris, 1830. 2 vol. in-8, dem. rel.

CATALOGUES

ET

OUVRAGES SUR LES ESTAMPES

---

529 — BARTSCH. — Le Peintre-Graveur. Vienne, 1803-21 ; 21 vol. in-8, dem. rel. veau. *Planches.*

530 — Catalogue raisonné de toutes les estampes qui forment l'œuvre de Rembrandt et ceux de ses principaux imitateurs. Vienne, 1792 ; 2 vol. in-8, dem. rel.

531 — HELLE ET GLOMY. — Catalogue raisonné de toutes les pièces qui forment l'œuvre de Rembrandt. Paris, 1751 ; in-12, veau.

532 — R. DUMESNIL. — Le Peintre-graveur français. Paris, 1835-1850. 8 vol. in-8, dem. rel.

533 — PAPILLON. — Traité historique et pratique de la gravure en bois. Paris, 1766 ; 2 vol. in-8, dem. rel. *Portraits et figures.*

534 — HECQUET. — Estampes gravées, d'après P. P. Rubens. Paris, 1751 ; in-8, br.

535 — CHRIST. — Dictionnaire des monogrammes, chiffres, lettres, initiales, logogryphes, rébus, etc. Paris, 1762; in-8, dem. rel. *Planches de monogrammes.*

536 — HEINEKEN. — Idée générale d'une collection complète d'estampes. Leipzig et Vienne, J. V. Kraus, 1771; in-8, veau. *Planches fac-simile et nombre de figures.*

537 — WATELET. — Dictionnaire des arts de peinture, sculpture et gravure. Paris, Prault, 1792. 5 vol. in-8, cart.

538 — HUBER ET ROST. — Manuel des curieux et des amateurs de l'art, contenant une notice abrégée des principaux graveurs, et un catalogue raisonné de leurs meilleurs ouvrages. Zurich, 1797; 8 vol. in-8, dem. rel.

539 — JANSEN. — Essai sur l'origine de la gravure en bois et en taille douce et sur la connaissance des estampes des XVe et XVIe siècles, où il est parlé aussi des cartes à jouer, sur les miniatures des anciens manuscrits. Paris, 1808; 2 vol. in-8, dem. rel. *Orné de 18 planches, fac-simile d'estampes anciennes.*

540 — BASAN. — Dictionnaire des graveurs. Paris, 1809; 2 vol. in-8, dem. rel. *Planches gravées.*

541 — Dictionnaire des monogrammes, par F. Bruliot. Munich, 1832; 2 vol. in-4, dem. rel.

542 — BRUNET. — Manuel du libraire. Paris, 1820; 4 vol. Supplément au Manuel du libraire. Paris, 1834; 3 vol. Ens., 7 vol. in-8, cart.

543 — JOUBERT. — Manuel de l'Amateur d'estampes. Paris, 1821 ; 3 vol. in-8, dem. rel. *Planches de monogrammes.*

544 — CH. BLANC. — Le Trésor de la curiosité. Paris, 1858 ; 2 vol. in-8, broché.

545 — DUCHESNE. — Voyage d'un iconophile. Paris, 1834 ; in-8, dem. rel.

546 — Catalogue raisonné des différents objets de curiosités dans les sciences et les arts, qui composaient le cabinet de feu M. Mariette, par Basan. Paris, 1775 ; in-8, cart. *Titres par Moreau et Cochin, planches gravées.*

547 — Description des tableaux du Palais-Royal, dédié à Monseigneur le duc d'Orléans. Paris, 1787 ; in-8, veau.

548 — Description des objets d'art qui composent le cabinet de feu le baron Denon. Paris, 1826 ; 3 vol. in-8, dem. reliure.

549 — Cabinet de Paignon-Dijonval. État détaillé et raisonné des dessins et estampes dont il est composé, rédigé par Bénard. Paris, Huzard, 1810 ; in-4, br.

550 — Catalogues des collections d'estampes Durand, Poggi, Debois, Delessert et autres, en 1 vol. in-8, dem. rel.

551 — Catalogue de la collection d'estampes anciennes provenant du cabinet de M. H. de L. (de Lasalle). Paris, 1856 ; in-4, br.

X 552 — Catalogues des collections d'estampes Saint-Yves, duc
d'Ursel, Prevost, Silvestre, Logette, Rigal, prince Ponia-
towski et autres, reliés et brochés, seront vendus sous ce
numéro. *15 —*

553 — Sous ce numéro seront vendus plusieurs lots d'estampes non cataloguées.

58 —	Galerie Pourtalès – antique
3	Chasse à la Haye
35 —	figurines – gauloises –
24	portraits de la révolut. …
47	terres cuites de Berlin
32	Cigognara ~~Bibliothèque S.te Geneviève~~
5 —	
21 —	Winkelmann
21	Visconti – –
	Seroux d'Agincourt –
86	Seroux d'Agincourt 6 vol.
32	Musée Campana —
6	Cl catalogue